DÉTAILS

SUR QUELQUES-UNS

DES ÉVÉNEMENS

Qui ont eu lieu en Amérique pendant les années XI et XII ;

Publiés par un Officier de l'État-Major de l'Armée.

***

SE TROUVE A PARIS,

Chez DESPREZ, Libraire, rue des Prêtres S.-Germ.-l'Auxerrois, vis-à-vis le Petit-Portail.

AN XIII.=1804.

EXPOSÉ.

Dans le moment où la France commerçante, gémit sur la perte de la plus précieuse de ses Colonies, et que le sort de ses habitans excite l'attention générale, mes compatriotes ne verront point, sans intérêt, des détails circonstanciés sur la manière dont les Anglais se sont comportés à l'égard des Français militaires et autres qui sont tombés en leur pouvoir ; leurs projets, leur politique, relativement aux Antilles ; aussi le

caractère des deux hommes qui mar-
quent davantage parmi les Chefs noirs,
et qui se sont rendus célèbres dans
l'ancien monde, par les crimes qu'ils
ont commis dans le nouveau.

DÉTAILS

SUR QUELQUES-UNS

DES ÉVÉNEMENS

Qui ont eu lieu en Amérique pendant les années XI et XII.

Conduite des Anglais envers l'Armée et les Habitans de St.-Domingue.

Au sein *de la paix*, les Anglais ont violé les conventions sociales, en employant leur marine militaire à jetter sur la partie des côtes de St.-Domingue, occupée par les brigands, les armes qui ont servi à assassiner les habitans.

En guerre, ils ont continuellement méconnu les lois qu'observent les nations civilisées.

Quels que soient les différens qui existent entre la France et la Grande-Bretagne, devoient-ils, contre la politique des Puissances qui ont des Colonies, armer des esclaves contre leurs maîtres, rallumer le feu de la révolte à peine éteint?.... Le jour n'est pas éloigné où il se communiquera à leurs Colonies, où les armes qu'ils ont mis entre les mains des nègres de St.-Domingue, encore teintes du sang français, se tourneront contre leurs compatriotes de la Jamaïque. Envain, pour s'excuser, prétendent-ils qu'ils ont en cela, imité la conduite que Louis XVI a tenue dans l'avant-dernière guerre, en envoyant une armée auxiliaire aux Anglo - Américains ; ils ne se justifieroient pas par là ; car, quels étoient ces insurgés ? des blancs, des européens, qui, fatigués du joug sous lequel leur Métropole les tenoit courbés, voulurent s'en affranchir ; ils avoient à leur tête un grand homme, et non un assassin, un Dessalines ; et lorsqu'ils furent vainqueurs, qu'ils eurent expulsé de leur pays l'armée anglaise, Waginston n'ordonna point le massacre de ceux qui avoient suivi le parti royaliste ; ainsi que les autres, ils furent reconnus citoyens des Etats-unis d'Amérique, et jouirent des mêmes droits.

Les Anglais devoient-ils déshonorer leur pavillon, en l'unissant dans différentes occasions à celui haïtien , ou plutôt à l'étendard de la révolte , notamment au Fort-Dauphin , qui nous fut enlevé par les forces combinées de Sa Majesté Britannique et de Dessalines ? ils pouvoient se borner à une croisière sévère , notre armée privée depuis six mois de secours d'Europe : réduite par les maladies et les privations de tous genres , à un petit nombre d'hommes , la plupart incapables de service , renfermés dans six places (1) mal fortifiées , bloquées du côté de la terre par toutes les bandes de noirs , et du côté de la mer , par de fortes divisions qui ne permettoient point l'entrée d'aucune espèce de vivres , et que l'on ne pouvoit éloigner faute de marine à leur opposer ; (2) notre armée , dis-je , ou du moins la plus grande partie , devoit nécessairement succomber..... Alors leur but étoit rempli.

Je remonte , non pas à la déclaration de la

____

(1) Le Cap , le Port-au-Prince , le Môle-St.-Nicolas , les Cayes , le Fort-Dauphin et le Port-de-Paix.

(2) Le Capitaine-Général ayant exécuté l'ordre qui lui avoit été donné de renvoyer , en Europe , les bâtimens de guerre stationnés dans la Colonie ; il n'y avoit plus alors que trois frégates qui , pour sortir de la rade du Cap , n'avoient pu parvenir à tromper la surveillance de l'ennemi , dont l'escadre de neuf vaisseaux de guerre ou frégates , bloquoit l'entrée.

guerre, (1) mais aux premières hostilités qu'ils ont commises dans la Colonie. Ils ne citeront pas, je pense, les succès qui en sont résultés pour eux ; le Général en chef n'avoit point encore reçu ministériellement la nouvelle de la guerre , lorsque des bâtimens anglais furent mouillés dans la rade de Jérémie , auprès des marchands qui étoient à l'ancre , et là , au milieu de la nuit , et au mòment où l'on étoit dans la plus grande sécurité, ils coupèrent les câbles des navires et s'en emparèrent , sans avoir été obligés de tirer un coup de fusil : ils voulurent faire la même opération dans la rade des Cayes , mais ils n'y réussirent pas. Avides de succès faciles, un vaisseau et une frégate tentèrent de s'emparer , par surprise , de la frégate française *la Poursuivante*, qui étoit par le travers du Môle ; ils s'en approchèrent autant qu'ils voulurent, et lorsqu'ils furent à portée , ils lui lâchèrent leurs bordées; mais quoique le Chef de division Willaumez fut pris à l'improviste , il engagea le combat sur-le-champ , et parvint , malgré leur supériorité , à les forcer de se retirer avec de fortes avaries : leur retraite fut scellée par la perte

---

(1) Il n'y en a pas eu.

[9]

d'un capitaine et de plusieurs hommes d'équipage.

A la prise du Port-au-Prince , comme à celle du Fort-Dauphin , unis aux révoltés, les barges, (1) de leur escadre , et celles des nègres , s'emparèrent de nos bâtimens marchands.

A celle de la ville des Cayes, dignes imitateurs de leurs alliés , ils firent usage envers le Général de brigade d'Arbois, de l'arme favorite des nègres......
Cet officier ayant été contraint d'exercer dans son commandement des actes de sévérité envers des mulâtres révoltés du Sud , tombés en son pouvoir, les hommes de couleur demandèrent qu'on le leur livrat ; les Anglais refusèrent d'acquiescer à cette proposition ; mais le Général qui s'étoit embarqué bien portant , mourut peu de jours après dans les convulsions......!

Je devrois rapporter ici ce qui s'est passé (2) à

----

(1) Embarcations qui vont à la voile et à la rame , et qui contiennent de 20 à 25 hommes armés.

(2) Le Général de division Brunet étant prisonnier à la Jamaïque , a dénoncé au Roi d'Angleterre et à la cour de l'amirauté , les excès auxquels se sont portés les officiers montants les vaisseaux de guerre qui ont contribué à faire rendre la place des Cayes. Comme il est encore détenu à Hallifax , on ne sait point quelle satisfaction il a obtenu.

la reddition de cette place , mais je connois des officiers de la garnison qui le mettront au jour : je ne pourrois pas m'en acquitter aussi bien , n'ayant pas été , comme eux , présent aux événemens.

Je passe maintenant à la capitulation de la division du centre du nord ; ici l'on va voir la bonne-foi et la loyauté britannique dans toute leur étendue.

Notre armée (1) cédant au nombre d'ennemis de toute espèce (2) qui l'accabloient , et contre lesquels elle luttoit courageusement depuis long-temps , fut enfin réduite à la dure nécessité de capituler. On ne le fit exactement qu'à la dernière extrémité, c'est-à-dire au bout des dix jours convenus avec Dessalines , pour l'évacuation de la place ; lorsqu'ils furent expirés , les noirs , aux termes de la convention , s'étant emparés des forts qui battent la rade , et les trois frégates qui portoient *les débris des armées de terre et de mer* , n'ayant pu , pendant ces dix jours , avoir un temps favorable pour sortir de la baye , se trouvèrent sous le feu des batteries de terre , où les boulets

---

(1) Un foible corps de troupes mérite-t-il ce nom ?

(2) Les Anglais , les nègres , le climat , la famine et les maladies.

rouges étoient déjà préparés pour les abîmer. Ce fut dans cette position que les Anglais nous envoyèrent un parlementaire pour nous proposer de traiter, et qu'enfin il y eut une capitulation.

Dans cette capitulation, conclue entre le Général Boyé, Chef de l'Etat - Major - général de l'armée, et le Capitaine de vaisseau Barré, agissans au nom du Capitaine-Général Rochambeau, et MM. les Capitaines de vaisseau John Blegh et Porkins, au nom du Commodore Loring, un des articles portoit : « Que les troupes de la gar- » nison du Cap, prisonnières de guerre, seroient » transportées en Europe le plutôt possible, et » aux dépends de Sa Majesté Britannique ; que » les officiers conserveroient leurs armes, et que » leur échange seroit fait dans le plus bref délai.» Un autre : « Que les propriétés particulières des » individus de l'armée, quels qu'ils fussent, et » celles des habitans, seroient *rigoureusement* » respectées. »

Dès lors, à leur discrétion, et sous la foi des traités, nous fimes voiles pour la Jamaïque : on eut des égards pour nous pendant la traversée. Favorisés des vents, nous arrivâmes en peu de jours en rade de Kings-Town, capitale de l'Ile ; mais à peine fûmes nous sous le feu des forts qui battent la rade, et eut-on fait passer sur les pontons de Port-Royal, les soldats qui étoient avec nous, que tous les Capitaines des bâtimens reçurent, de l'Amiral, l'ordre de fouiller les malles des Généraux, Officiers, habitans et employés de l'armée, pour y prendre les sommes excédentes de celles qu'il lui avoit plu de fixer pour chaque grade : le Général Rochambeau, indigné du procédé de l'Amiral, réclama l'exécution du traité, mais ce fut envain : il ne fut point écouté ; l'Anglais fut sourd à la voix de l'honneur, et l'ordre donné fut exécuté, avec beaucoup de répugnance, par plusieurs Officiers qui rougirent de la mauvaise foi de leur Chef, et par d'autres, de la manière la plus indécente ; ils outre-passèrent l'ordre dont ils étoient chargés, en enlevant même jusqu'aux effets : une quantité d'habitans fut dépouillée des débris de leur fortune, qu'ils avoient sauvés des flammes, et qui devoient pendant quelque temps, assurer leur existence et celle de leur famille ; les femmes ne furent pas non plus à l'abri de leur brutalité ; la soif de l'or les porta jusqu'à les déshabiller, pour connoître si elles n'en avoient pas caché dans leurs vêtemens. Ce fut là l'exécution d'un des articles précités.

Nos soldats, en partie malades, furent entassés dans des pontons infects, et traités avec la dernière inhumanité : ils restèrent, à plusieurs reprises, privés d'eau pendant des jours entiers : le sac qui renfermoit leur chétive propriété, ne fut pas même respecté : beaucoup ne pouvant résister à de telles épreuves, dans un climat aussi chaud, succombèrent sous le poids de leur misère. Très-récemment des sous-officiers sauvés de ce ponton, ont assuré qu'à leur hôpital, il y avoit par jour quinze à dix-huit malades qui mouroient de la soif......

Les Officiers et les employés de l'armée furent répartis dans les villes de Kings-Town et de Spaïsh-Town, qu'on leur assigna pour prison ; et le peu d'habitans qui étoit débarqué, resta dans la capitale. Voici de quelle manière chacun fut traité.

Comme ils craignoient que nous nous révoltssions, ils voulurent nous désarmer : ils cherchèrent, en conséquence, un prétexte qui pût justifier la violation de cet article du traité; pour le trouver, ils excitèrent contre nous les nègres et les hommes de couleur ; plusieurs d'entr'eux s'étant non-seulement permis des invectives, mais même

des voies de fait envers des Officiers , qui durent
pour repousser la force , se servir des armes qu'ils
avoient ; on désarma tous les Français , à l'ex-
ception des Généraux.

Lorsqu'après deux mois , nous vimes qu'ils ne
faisoient aucuns préparatifs pour nous embarquer
pour l'Europe , comme ils le devoient , beaucoup
d'entre nous demandèrent à être autorisés à se
rendre à leurs frais en France , pour y rester prisonniers sur parole jusqu'à leur échange ; ils ne
voulurent point y consentir , mais ils furent bientôt
obligés de leur accorder ce qu'ils réclamoien.
Une grande quantité d'habitans étoit réfugiée à
Cuba ; le Général La Vallette , d'une part , et le
Général de Noailles , de l'autre , avoient réuni
sous leurs ordres , dans cette Ile , deux corps de
troupe assez considérables , provenant des évacua-
tions du Port - au - Prince et du Môle ; ils crai-
gnirent que ces forces ne fussent dirigées contre
la Jamaïque , et que nous qui étions dans l'in-
térieur , ne les secondassions , en leur facilitant
les moyens d'effectuer leur descente. Sur ces en-
trefaites aussi , les états ne pouvant plus fournir
aux demandes continuelles d'argent que le Gouverneur et l'Amiral leur faisoient pour subvenir

aux dépenses des prisonniers , s'assemblèrent et déclarèrent que le pays n'étoit pas en état de supporter plus long-temps cette charge. Ce furent ces deux circonstances qui nous valurent, à plusieurs , *après trois mois ,* l'autorisation de nous retirer, *à nos frais ,* en France, par la voie des Etats-Unis. Une chose bien singulière, et qui est digne de remarque , c'est que crainte probablement que nous ne pensassions que notre renvoi fut l'exécution de l'engagement qu'ils avoient contracté avec le Général Rochambeau , ils ne donnèrent d'autorisation pour partir, qu'à ceux qui étoient munis de certificats de chirurgiens , constatant leurs infirmités ou leurs blessures ; certificats qu'obtenoient facilement ceux qui pouvoient les payer. Ne sembleroit-il pas que dans cette occasion, ils redoutèrent de passer pour loyaux ?

Le Général Rochambeau avoit été embarqué pour l'Angleterre, avec son Chef d'Etat-Major et deux autres Généraux , il y avoit environ deux mois : il ne lui fut pas permis d'emmener les Officiers qui avoient servi près de lui. La cause du peu d'égards que l'on eut pour sa personne, fut que, Commandant à St.-Domingue, instruit journellement des secours continuels que l'escadre donnoit aux nègres , il écrivit au Commodore une lettre où , entr'autres choses , il lui disoit : « Que » son gouvernement n'ayant pu trouver d'alliés » parmi les Puissances d'Europe , étoit venu en » choisir chez les brigands de l'Amérique. » Je conjecture que ce reproche contribue beaucoup à la prolongation de sa captivité.

Le corps de militaires français dont j'ai parlé , partit de la Havanne , de St.-Yago et de Porto-Principe , (Ile de Cuba) sous les ordres du Général La Vallette , pour aller renforcer la place de Santo-Domingo , que nos troupes occupent encore dans la partie espagnole de St.-Domingue : cette expédition fut des plus malheureuses ; le Général périt avec tous les soldats qui étoient à son bord ; d'autres bâtimens poursuivis , se perdirent sur les ressifs dont une grande partie des côtes de l'Ile de Cuba est hérissée ; et les infortunés militaires qui les montoient , épuisés de fatigue , et ne pouvant gagner le rivage avec les radeaux qu'ils avoient formés des débris de leurs navires , furent mourir de faim et de soif sur les ilots arides où les vagues les jettèrent : ceux montés sur les bâtimens , qui échappèrent à ces dangers , tombèrent au pouvoir des Anglais , qui dans cette

circonstance ,

circonstance , ne démentirent point leur caractère ;
ne voulant point avoir encore un surcroît de prisonniers à leur charge, ils forcèrent tous les bâtimens marchands qu'ils rencontrèrent en mer ,
quel que fût leur pavillon , leur destination et leur
position , relativement aux vivres et à l'eau, de
prendre de ces soldats. Il est résulté delà , que ces
militaires se sont trouvés transportés dans différens
Etats du nord de l'Europe , des deux Amériques,
dans des îles étrangères ; enfin disséminés sur le
globe , et parconséquent à des distances si considérables de la France, qu'une grande partie ne pourra
jamais la revoir. Il en peut résulter encore , que les
Capitaines de ces navires , n'ayant des provisions que
pour un nombre fixé d'hommes, ne pouvant tenir
la mer à cause de cette augmentation de bouches,
seront peut-être obligés , s'ils sont dans l'impossi-
bilité de relâcher, et quelqu'humains qu'ils soient,...
On doit m'entendre..........

J'ai en partie exposé leur conduite envers l'armée ;
celle qu'ils tinrent à terre envers les habitans, ne
fut pas plus généreuse qu'en mer ; après avoir contribué, par leur alliance avec les nègres, à les priver
de leurs propriétés, les avoir spoliés de ce qu'ils
avoient sauvé sur eux, et conduits dans leur Colonie

de la Jamaïque, ils ne leur donnèrent point tous les secours nécessaires pour assurer leur existence ; cela, cependant, s'étoit fait dans la guerre précédente.

Lorsque les massacres commencèrent dans le sud de Saint-Domingue, il y eut quelques blancs qui, à la faveur de la nuit, se jettèrent isolément dans (1) de frêles embarcations, et s'abandonnèrent ainsi aux flots pour se soustraire à une mort certaine; il étoit très-douteux et presqu'impossible qu'ils parvinssent à aborder la terre de la Jamaïque, qui étoit la plus voisine, quoiqu'à 80 lieues du point de départ........ Cependant la fortune, qui ne cessoit de persécuter les Français entre les Tropiques, favorisa ceux-là : ils débarquèrent sur la côte de cette Ile qu'ils de-voient considérer comme hospitalière. Chez d'autres peuples, et particulièrement en France, on se seroit empressé de porter des secours à des hommes dans cette position, quelle que fût leur nation....... Sur ce rivage, ils trouvèrent des Anglais qui les dépouillèrent de ce qu'ils avoient emporté, et qui se réduisoit à très-peu de chose, en raison de la promptitude de leur fuite et de la petitesse de leurs canots. Mais ce n'étoit point assez...... on leur dit qu'ils étoient pri-sonniers........

----

(1) Elles avoient 8 pieds de longueur.

Je pourrois citer d'autres traits de cette nature; mais malgré que leur authenticité m'ait été affirmée par des personnes dignes de foi, comme je n'en ai pas été témoin, je ne pense pas devoir les dévoiler. Ceux que j'ai mis au jour, et celui relaté dans les dernières feuilles publiques, suffisent pour faire connoître la politique, quelquefois fausse, mais toujours affreuse du Gouvernement de ces insulaires, et la scélératesse de ses agens. Que les personnes qui n'ont point lu les derniers journaux y jettent un coup-d'œil, elles y verront que récemment des Français, forcés par le besoin, de monter des corsaires munis de lettres de course, ayant été pris par des marins anglais, ont été conduits dans la ville du Môle et mis à la disposition des nègres, qui les ont sur-le-champ assassinés en présence de ceux qui les leur avoient livrés.........

Selon les lois de la guerre et les convenances, lorsqu'une Nation fait des prisonniers à son ennemie, elle doit *ou les garder, ou les renvoyer dans leur pays.* Mais pourquoi être surpris de l'inobservation de ces lois, par un Gouvernement qui foule aux pieds celles de l'humanité, et pour lequel enfin rien n'est sacré.....?

Il est étonnant que l'Anglais, souvent humain et

généreux (quelquefois aussi par orgueil national), méconnoisse la voix de l'honneur et soit sourd au cri de l'humanité, lorsqu'il s'agit des intérêts de son pays, ou qu'il est porteur d'un ordre de son Gouvernement ; un tel patriotisme confirme la vérité de cette maxime : que *l'excès d'une vertu conduit souvent au crime.* Les Anglais pensent bien différemment que le respectable Fénélon, qui préféroit le genre-humain à son pays, tandis qu'eux préfèrent leur pays au genre-humain.

Armes fournies aux brigands.

La plus grande partie des armes qui sont entre les mains des soldats de Dessalines, est de fabrique anglaise, (1) et beaucoup cependant frappées à la marque de nos manufactures : comme nous étions en paix avec les Anglais lorsqu'ils fournirent (2) les premières, ils étoient alors obligés de couvrir leurs manœuvres ; mais je ne sais pas comment ils ont pu penser que l'on seroit dupe d'un tel artifice. C'est à la connoissance de tous les Français de l'Ile,

---

(1) Pendant le temps que je suis resté dans leur camp, j'ai remarqné que la majeure partie des armes qui composoient les faisceaux, étoit anglaise.

(2) Voici un fait dont j'ai instruit, dans le temps, le Général Thouvenot, Chef de l'état-major-général de l'armée : étant sur un bâtiment marchand, par le travers du Cap Tiburon, les 2, 3 et 4 prairial an 11, j'ai vu un vaisseau de guerre anglais, une frégate et un bâtiment léger de la même nation, profiter pour s'approcher de la côte, du moment où les bâtimens croiseurs de notre marine s'éloignoient, et après avoir répondu aux feux des brigands par des fusées de signaux parties de leurs bords, faire faire ensuite plusieurs voyages à terre à toutes leurs embarcations.

que ces armes y ont été importées par des navires anglais, qui prenoient du café en retour. Il est constant qu'au moment où la révolte se manifesta de nouveau, en vendémiaire an 11, il y avoit la moitié des nègres cultivateurs que Dessalines avoit obligés de se joindre à lui, qui n'étoient armés que d'une espèce de pique faite en *bois de lance* et en *bois de fer*, et que six mois après, leurs bandes accrues du double, l'étoient toutes de fusils.

On accuse la marine marchande d'une Nation que je ne dois pas nommer....... d'avoir contribué, avec les Anglais, à fournir aux nègres tout ce qui pouvoit leur être utile pour nous faire la guerre. Il est bien fâcheux d'être obligé de faire planer le soupçon sur son Gouvernement; mais en ne le taxant que d'une négligence coupable, c'est user de modération : quand le commerce d'une Nation oublie à ce point ce qu'il doit d'égards à un peuple avec lequel son pays est en paix, il devroit le lui rappeler, et lui faire connoître qu'il doit être le dernier à troubler l'union qui règne entre les puissances, puisque c'est d'elle que naît sa prospérité. Si ce Gouvernement avoit fait défense de ne point envoyer de bâtimens à Saint-Domingue, et qu'au mépris de ses ordres on eut continué de communiquer avec cet Ile, il seroit excusable, puisqu'en effet il ne peut être responsable des actions des Capitaines de bâtimens, lorsqu'ils sont hors des ports ; mais bien loin d'avoir pris ces mesures, tous les jours, et publiquement, des navires sont chargés et expédiés directement pour cette Colonie, la déclaration de leur destination faite et enregistrée à la douane........ il n'est pas probable qu'il ignore cela ; alors, si c'est à sa connoissance, pourquoi ne l'empêche-t-il pas ? Son silence seroit-il une approbation ?

Est-il excusable de permettre qu'on construise dans ses ports des bâtimens au compte des nègres français ?

De ne point rappeler ses Agens commerciaux et les individus de cette Nation qui sont au Cap et aux Cayes ?

Enfin, de ne point défendre aux particuliers d'armer des bâtimens en guerre, pour protéger leurs navires contre les corsaires français (1) ?

On est justement étonné de voir que le Gouver-

---

(1) Le Général Ferrant, Commandant à San-Domingo, a ordonné aux corsaires et lettres de marque français, de considérer et de traiter comme pirates tous les navires, quelle que fût leur Nation, qui seroient trouvés dans les parages des Iles françaises de Saint-Domingue, la Gonave et la Tortue.

nement d'un pays, dont la force militaire est à-peu-près nulle, qui par devoir, par reconnoissance, et au moins par politique, devroit user de procédés envers la France, tolère de tels abus, et ne sévisse point contre les hommes, dont la mercantile avarice compromet la dignité nationale. On devroit cependant faire attention à ne pas blesser ainsi les intérêts d'une Puissance comme la France, qui a BONAPARTE pour Chef. On a vu des guerres s'élever pour des sujets d'une moindre importance.

Dessalines , proclamé Gouverneur d'Haïty par les Nègres et Mulâtres insurgés , le premier janvier 1804.

Les chances de la guerre m'ayant mis à la dis-position de ce nègre pendant les derniers jours que le quartier-général de l'armée a tenu dans le Cap, je me suis occupé à observer son moral et son phi-sique ; je vais faire ensorte d'en donner une idée :

C'est un ancien esclave Bossale (1) ; avant le premier incendie il appartenoit à un homme de la classe *des petits blancs* (2), et lors des premiers troubles, ainsi que Toussaint-Louverture et la plu-part des autres chefs, il est parvenu au généralat par la grande quantité de meurtres dont il s'est souillé : sa stature est médiocre, il est âgé de 50 à 55 ans, ne sait ni lire ni écrire : il est d'une activité rare, et se transporte avec une rapidité surprenante d'un endroit à l'autre, marchant toujours précédé et suivi

(1) Venu de la côte d'Afrique.

(2) On qualifioit anciennement de cette épithète, les marchands, artisans, ouvriers, et tout ce qui n'étoit point habitant-propriétaire.

de guides, qui sont autant de bourreaux, dont il fait souvent lui-même l'office. Son naturel est colère, sa figure hideuse, et son jeu de phisionomie horrible : il parle peu, ne fixe jamais ceux auxquels il adresse la parole; et si par fois il porte ses regards sur eux, c'est toujours sans déranger sa tête, qu'il tient continuellement inclinée vers la terre.

Mirabeau disoit d'un homme qui a beaucoup marqué dans les premières années de la révolution : *Il sue le crime et ne sait point le consommer.* Ce nègre aussi sue le crime,........., mais il le met en action.

Pour feindre de partager les privations de ses frères (il appelle ainsi les nègres), il affecte une nudité répugnante. Contre le goût commun aux noirs, il n'aime point les femmes, le luxe dans sa personne, ni dans ceux qui l'approchent; le jeu ni la table; il n'a jamais bu de vin de sa vie, et borne sa nourriture aux vivres de terre du pays.

Ce homme, qui n'a aucune de ces passions qui conduisent ordinairement au crime l'individu chez lequel elles règnent avec force, est cependant un des plus criminels. L'humanité n'est-elle point révoltée de voir que c'est dans le meurtre de son semblable qu'il fait consister son bonheur?...... Cet homme (mais dois-je lui donner ce titre?) est tellement altéré de sang, qu'il ne peut passer plusieurs jours sans en voir couler. C'est un besoin si impérieux pour lui, que quand il n'a point de blancs à sacrifier, il choisit des victimes parmi ceux de son espèce. Cela tient probablement à sa constitution, puisqu'il semble être hors de sa sphère, lorsqu'il n'a point ordonné une mise à mort. Il est marié à une négresse; c'est bien l'union de la vertu et du vice....... Cette femme n'a aucun empire sur lui, et n'a pu parvenir à tempérer la férocité de son caractère....... Mais à combien de blancs n'a-t-elle point conservé la vie, en favorisant leur fuite !....... Qu'elle reçoive ici le tribut d'éloges que l'on doit à tout ami de l'humanité, quelle que soit la classe de la société où la providence l'a placé.

Après sa soumission, il fut comblé des bienfaits du Gouvernement, et employé par l'armée française dans le grade de Général de division, Inspecteur-général des troupes noires; dans l'exercice de cette charge, comme dans celle d'Inspecteur des cultures de la Colonie, qu'il avoit sous le règne de Toussaint, il n'y a point de supplices qu'il n'ait fait subir aux nègres soldats et cultivateurs: le manque de soumission à un blanc étoit le prétexte dont il se servoit pour déclarer un quartier en état de révolte, et pour décimer ces malheureux ; quelques châtimens infligés à tort par des maîtres à leurs esclaves, étoient également la cause du massacre des blancs d'une paroisse ; il signala son second et dernier acte de rebellion, par le sacrifice des soldats européens que le Capitaine-Général Leclerc avoit mis sous ses ordres.

Il s'est fait une étude de la dissimulation, et la porte à l'excès ; voici des traits qui le prouvent : au moment où il méditoit sa trahison, et peu de jours avant d'abandonner les drapeaux de la République, il fit arrêter aux Gonaïves, et envoya au Cap, l'ex-Général de brigade Charles Bélair (1) et sa femme, noirs, qui entretenoient des correspondances avec le petit nombre de brigands-armés existant alors : « Bélair, marquoit-il au Capitaine-» Général, est un lâche dont vous ne sauriez trop » tôt ordonner la mort ; il est nécessaire, mon Gé-» néral, que son supplice et celui de la femme » criminelle, dont les conseils pernicieux l'ont » déterminé à tromper votre confiance, servent

---

(1) Charles Bélair et sa femme furent fusillés au Cap, en vertu d'un jugement rendu par un conseil de guerre composé de Généraux blancs, noirs et mulâtres, convoqué par le Général Leclerc, dans les premiers jours de vendémiaire an 11.

» d'exemple à ceux qui voudroient les imiter ».
Il faisoit connoître ensuite combien il étoit pénible
pour lui d'être le délateur de son compagnon-d'armes ;
que cependant il remplissoit ce devoir, puisqu'il
lui étoit commandé par l'intérêt de son pays, auquel
il étoit toujours disposé à tout sacrifier. Il terminoit
par dire au Général, qu'il étoit pénétré des bienfaits
dont il l'avoit comblé, par le serment d'un attache-
ment sincère à sa personne, de fidélité à la République, et au Grand Homme qui la gouverne.

Dix jours avant le départ de l'armée, étant chez
lui, je lui entendis dire en créole, et avec l'accent de
la vérité que donne ce langage : « pendant la guerre
» j'ai tout ravagé, mais maintenant que l'armée
» française s'éloigne de nos côtes, que nous voila
» en paix, je vais rétablir la culture. Je ne fais
» aucune distinction de couleur, j'oublie ce qui
» s'est passé entre les blancs habitans et moi, je les
» assure de ma protection ; leurs personnes et leur
» fortune seront respectées......» (1) Un mois après,

____

(1) « Mo-tou ravagé pendant nou-fai la guerre, d'abord
» l'armée-blanc-france, quitté païmoué, nou va gagné la
» paix. Ma fai nègre travail et blanc bougé case-ayo. Mo-
» pa-guété couleur, mo va blié tou ça blanc fait-moué. Ma
» protegé yo-et tou quienne ayo ».

par sa proclamation (1), il jure leur perte à la tête de son armée.

Lorsque son armée fit son entrée dans le Cap, il y eut des soldats nègres qui s'introduisirent dans quelques maisons de blancs et y volèrent. Afin d'inspirer de la confiance aux habitans, et les engager à rester, Dessalines enjoignit à sa troupe, sous peine de mort, de respecter leurs propriétés, et fit fusiller et décapiter à coups de hache, sur les tables des échoppes de boucherie, plusieurs noirs qui avoient contrevenu à ses ordres.

Habile dans l'art d'inventer des supplices, celui qui est le plus familier à *cet homme-tigre*, est l'extir-

____

(1) *Extrait de la Proclamation de Dessalines.*

Première année de l'indépendance du Peuple d'Haïty.

Citoyens compatriotes, j'ai dans cette circonstance solemnelle, assemblé les braves soldats qui ont prodigué leur sang pour la cause de la liberté; ces hommes généreux, qui ont guidé vos efforts contre la tyrannie, n'ont pas encore assez fait pour votre bonheur: tout ici retrace le souvenir du nom français, et nous rappelle les cruautés de ce peuple homicide; nos lois, nos mœurs, nos villes, tout porte l'empreinte de la France; *que dis-je? il reste encore des Français dans notre Ile!*

Victimes, hélas! pendant quatorze ans, de notre propre crédulité, de notre indulgence; soumis, non par les armes des Français, mais par l'imposante éloquence des procla-

pation des yeux. Il fait une grande consommation de tabac ; et ses différentes manières de le prendre et d'agiter sa tabatière, sont presqu'autant d'arrêts de mort, et d'ordres de varier les tortures. Il se plaît à assister aux exécutions, pour insulter le malheureux qui expire, et pour jouir de ses angoisses.

Abhorré de son armée, et particulierement des hommes de couleur, dont il est l'ennemi prononcé, il ne règne que par la terreur : tout tremble et fléchit le genou devant l'idole ; ses Généraux sont

---

mations de leurs agens, quand serons-nous las enfin de respirer le même air qu'eux ? qu'avons-nous de commun avec ce peuple meurtrier ? Sa cruauté, comparée avec notre patiente modération, la différence de sa couleur avec la nôtre, l'immensité des mers qui nous séparent de lui, notre climat vengeur, tout nous dit que ces hommes ne sont pas nos frères, qu'ils ne le deviendront jamais ; et que s'ils trouvent un asyle au milieu de nous, ils continueront à y semer le trouble et les dissensions.

Citoyens, vous n'avez rien fait si vous ne donnez pas aux nations un terrible, mais juste exemple, de la vengeance que doit exercer un brave peuple qui a recouvré sa liberté, et qui est jaloux de la maintenir : épouvantons ceux qui oseroient tenter de nous la ravir, *et commençons par les Français. Signé* Dessalines.

ses valets, ses soldats ses esclaves, Voila cependant l'homme qui a mis en défaut la politique tant citée des Anglais, et celui auquel est livrée la fortune des Colons de l'Ile qui, par ses productions végétales, est la plus riche des Antilles et du monde entier.

Les

Les Anglais trompés par Dessalines.

Dessalines, en s'unissant aux Anglais, leur promit qu'immédiatement après l'évacuation de l'Ile par l'armée, ils seroient mis en possession d'une place forte de la Colonie, et auroient le commerce exclusif. Non seulement cette place ne leur fut pas remise, mais il ne leur fut pas même permis d'établir des comptoirs sur aucun point de la côte. Deux mois après ils envoyèrent, dans le sud de l'Ile, des Officiers pour le sommer de tenir sa parole : ils employèrent d'abord les menaces ; comme elles ne produisirent aucun effet, ils eurent recours aux prières, qu'ils accompagnèrent de riches présens ; il accepta tout, et ils n'eurent malgré cela aucune satisfaction de cet homme grossier, qui feignoit avant l'évacuation, de ne se laisser conduire que par leurs conseils, parce qu'alors il avoit besoin de leur secours pour nous détruire ; mais qui ne tint plus compte de ses promesses aussitôt que ses projets furent réalisés. De toutes ces démarches, il n'est resté aux Anglais que la honte d'avoir envoyé en ambassade, au tyran de cette Ile, un Commodore de leur marine militaire, dans le moment précisément où l'égorgement des blancs se consommoit aux Cayes, ville du sud de la partie française........

Ils ont bien sujet d'être mortifiés de la manière adroite dont ce nègre les a joués, mais ils ne doivent point être surpris de ce qu'il n'a point tenu les engagemens qu'il avoit contractés à leur égard, puisqu'eux-mêmes, n'ont exécuté aucuns de ceux auxquels ils s'étoient obligés envers nous. Pourquoi voudroient-ils qu'un nègre ne violât pas sa parole, lorsqu'ils ont manqué à la leur ? Dignes alliés..... les nègres et les anglais on rivalisé de cruauté et de mauvaise foi....... et les seconds ont surpassé les premiers.

Ambition du Nègre Christophe, entretenue par les Anglais.

Né anglais et esclave, Christophe a la manière de penser et d'agir de l'un et de l'autre....... Il est créole de l'Ile S. Christophe, dont il a pris le nom : est passé il y a quelques années dans la Colonie française, où il est resté jusqu'à la révolution, comme serviteur à l'hôtel de la Couronne, au Cap, qu'il quitta alors pour aller figurer parmi les premiers brigands qui parurent armés : il commandoit cette ville lors de l'apparition de l'escadre devant la Baye, et c'est lui qui la fit incendier, d'après l'ordre de Toussaint, malgré les prières réitérées du maire Télémaque (noir) : il est fourbe comme Dessalines, mais plus dangereux, en ce qu'il a un extérieur qui inspire la confiance : on l'a vu, après avoir déposé les armes, feindre le repentir le plus vif d'avoir détruit la ville du Cap, et plaindre le sort de ses habitans qu'il avoit ruinés. Sa férocité (1) et son envie de dominer

____

(1) Lorsque l'armée, sous les ordres du Général Leclerc, se présenta à la passe de la rade du Cap pour faire son

égalent celles de son maître, mais sa haine ne s'étend pas sur tous les blancs, elle se borne aux Français. Il est autant instruit qu'un nègre peut l'être, parle bien français et anglais, s'énonce avec facilité ; et comme il n'a point des manières aussi âpres que Dessalines, il s'est concilié l'amitié de ses semblables. Son ambition ne lui permettant pas de rester long-temps sous la domination d'un maître qu'il déteste, ainsi que les autres chefs, mais qui ne lui inspire pas autant de crainte qu'à eux ; il pourra bien, s'il est secondé, le renverser et s'emparer du pouvoir. Il aime et paroît beaucoup disposé à servir les Anglais, qui font des sacrifices pour se l'attacher, depuis qu'ils n'ont plus l'espérance d'obtenir de Dessalines, la faveur de faire exclusivement le

---

entrée, Christophe étant à faire la visite des postes et des batteries, pour ordonner les préparatifs de défense contre les Français, consulta un jeune Officier du génie, nommé Pageot (blanc), pour savoir s'il étoit possible d'empêcher l'escadre de forcer l'entrée de la Baye ; ce jeune homme, sans se permettre de faire d'observation à Christophe, sur la conduite affreuse qu'il se proposoit de tenir, se borna à faire connoître qu'il étoit pour la négative. Il n'eut pas plutôt émis son opinion, que ce monstre le fit saisir par les bourreaux de sa suite, et lui fit aussitôt trancher la tête sur le parapet du fort.

commerce de l'Ile. Si, comme il y a lieu de le croire, il s'arme contre son Chef, cet évènement ne peut être qu'avantageux pour nous, puisque le résultat de la guerre entre ces deux nègres, sera la destruction de quelques milliers de brigands, que l'armée que l'on enverra, aura de moins à combattre.

Insurrection présumable à la Jamaïque.

J'ai avancé que la perte de Saint-Domingue pourroit amener celle de la Jamaïque ; je vais citer des faits à l'appui de cette conjecture :

Deux motifs puissans ont porté les Anglais à employer tous les moyens pour nous faire perdre Saint-Domingue ; le premier se trouve naturellement dans la haine qu'il portent à notre nation ; le deuxième dans le projet qu'on pense qu'ils ont, de rendre les Antilles indépendantes ; le peu de précaution que prend un Gouvernement aussi prévoyant que le leur, pour arrêter dans son principe la révolution qui se prépare, le fait bien connoître.

Depuis long-temps il existe dans leur Colonie, une peuplade de Marons, connus sous le nom de *Nègres de la montagne bleue*, auxquels ils ont fait la guerre sans avoir pu les réduire ; obligés de traiter avec leurs chefs, ils ont dans ce moment près d'eux un Résident. Ces nègres sont toujours portés à la révolte. Les esclaves des habitations, et particulièrement ceux des villes, sont envers les blancs, d'une insolence outrée ; ils savent tous, puisque les Anglais nous ont conduit prisonniers dans leur Colonie, que les nègres de Saint-Domingue nous ont combattu avec avantage : maintenant le prestige de la supériorité du blanc sur le noir se détruit ; la distance du Cap Tiburon (Saint - Domingue) à la pointe Morand (Jamaïque) n'est pas grande, nos nègres ont des bâtimens, ils communiqueront ; je laisse à juger quelles seront les suites d'une telle union.........! Le Gouvernement semble ne pas s'en appercevoir ; cependant, sur la demande, et pour la satisfaction des habitans, il a bien formé des camps et élevé quelques batteries sur différens points, mais quand on est réduit à prendre de semblables dispositions dans une Colonie, elle n'est pas éloignée de sa perte ; les troupes ne doivent être employées que pour combattre l'ennemi ; il faut les retirer aussitôt qu'il est détruit ou réduit : en présence des baïonnettes, dans aucun pays, l'agriculture ne prospère ; d'ailleurs ce n'est point par la force des armes que l'on maintient les hommes, quels qu'ils soient dans la dépendance ; ce moyen, toujours insuffisant, est dispendieux, aliène les esprits, et ne donne qu'un pouvoir éphémère. De même que c'est

par la stricte observation d'une discipline sévère, qu'à
bord d'un vaisseau, trois ou quatre Officiers tiennent
sous leur obéissance huit ou neuf cents hommes,
c'est par le préjugé que les nègres ont de la supériorité de leurs maîtres sur eux, qu'on les tient dans
la servitude ; c'est donc plutôt par l'usage de la
force morale, que par celui de la force physique,
que l'on gouverne les hommes, généralement ; des
motifs plus ou moins louables dirigent leurs actions :
le militaire a pour guide l'honneur, et l'esclave, la
crainte qui naît du préjugé.

L'opinion des habitans de la Jamaïque est fixée
sur la politique du Gouvernement britannique ; ils
voyent bien que son but est l'indépendance générale
des Antilles, ou pour mieux m'exprimer, que la
révolte s'effectue dans toutes ces Iles ; aussi furent-
ils très - mécontens de la manière dont la marine
de leur Nation se conduisit envers l'armée française,
qui étoit venue en Amérique pour détruire le foyer
d'une insurrection qui menace de s'étendre : c'étoit,
au fait, la cause des Peuples commerçans qu'elle
étoit chargée de défendre. On est étonné de ce
projet de l'Angleterre, puisque de ce bouleverse-
ment, il doit s'en suivre la perte de ses Colonies ;
mais cet étonnement cessera lorsqu'on saura qu'elle

consent volontiers à la faire (1), pourvu que la France et l'Espagne soient privées des leurs. Ce n'est point à la souveraineté du sol de ces Iles qu'elle vise, mais au commerce exclusif de leurs productions.

Il pourroit se faire aussi que les Anglais se trompassent dans leur calcul, et que n'étant plus maîtres d'éteindre le feu qu'ils auroient allumé, ils perdissent leur Colonie, et que nous et les Espagnols, par de sages précautions, conservassions les nôtres, car on peut bien préparer une révolution, mais difficilement fixer l'époque où elle s'opérera. Ils seroient alors comme nous, obligés d'envoyer une armée pour réduire les révoltés et reconquérir leur Colonie; conquête qui leur présenteroit plus de difficultés que celle de Saint-Domingue n'en fera éprouver aux Français, malgré que cette Ile soit d'une étendue quadruple de la leur.

Si le Gouvernement anglais avoit pu se mettre en possession d'un point militaire important, qui lui offrit, à défaut des rades de Kings-Town

---

(1) La Jamaïque rapporte peu, ce n'est que depuis douze ans que l'on y fait du café, encore ce sont des émigrés français qui le cultivent. Cette Colonie est plus précieuse, envisagée sous le point de vue militaire, que sous celui commercial.

et de Port-Royal, un asile sûr po.. ravitailler ses vaisseaux, il auroit déjà tenté de mettre son projet à exécution; mais il faut espérer qu'il perdra la Jamaïque et n'aura point un nouveau Gibraltar.

Position de Santo-Domingo, capitale de la ci-devant partie Espagnole.

J'aurois désiré pouvoir terminer ces Mémoires par des réponses aux inculpations que les ennemis du Général Rochambeau répandent dans le public, et que répètent des personnes qui n'ont point une connoissance exacte des événemens; mais j'ai été prévenu dans ce travail par un Officier de l'administration, qui doit être d'autant plus digne de foi, qu'il n'a point à se louer de M. de Rochambeau. Je souhaite le retour d'un Général estimé et aimé de l'armée, dont la plume éloquente et impartiale s'est aussi réservé cette charge honorable.

En présentant ici la situation de la ville de San Domingo, je me trouve naturellement répondre à un des reproches qu'on fait au Général.

On est étonné qu'il n'ait pas tenu plus long-temps dans la partie française, parce que neuf mois après notre sortie, on voit les troupes occuper encore San-Domingo. Le Général Ferrant a certainement beaucoup de mérite de s'y maintenir, et d'être parvenu à ranger sous les drapeaux français les Espagnols qui s'étoient révoltés sous le commandement du Général Kerverseau, et qui sont toujours disposés à s'unir aux hommes de couleur. On doit savoir gré à ce Général, des privations que lui et sa troupe éprouvent quelquefois ; aussi, des souffrances que la chaleur du climat leur fait endurer ; mais il faut après tout être juste, et pour cela voir les choses comme elles sont. Il n'y a pas de comparaison à faire entre la position actuelle du Général Ferrant, et celle où étoit le Général Rochambeau. On a vu qu'au moment de la reddition du Cap, la troupe de la garnison consistoit en 2500 hommes au plus, milice comprise, que l'on n'avoit ni vivres ni argent.

Je vais présenter maintenant l'état de la place que commande le Général Ferrant.

De quelque côté que l'on envisage la défense de Santo-Domingo, on voit une infinité d'inconvéniens s'opposer à ce qu'elle soit prise ; la nature du sol la protège et en éloigne l'ennemi qui voudroit lui nuire.

Par terre, elle n'a rien à craindre des nègres ; bien que ses fortifications soient anciennes et hors d'état de soutenir un long siége fait par des troupes

européennes ; elles sont toujours plus que suffi-
santes pour la mettre en sûreté contre une armée
nègre, armée qu'il est douteux que Dessalines y
envoye, à cause de la grande distance qui la sépare de la partie française, de la stérilité du sol,
des torrents et autres obstacles à franchir sur la
route ; parconséquent de la difficulté d'y conduire
de l'artillerie de siége et même de campagne. Mais
j'admets qu'une armée, par son courage, sa cons-
tance, parvienne à surmonter ces obstacles, et
qu'elle arrive enfin sous les murs de Santo-Domingo ; trois jours après, elle sera contrainte de
lever le siége, parce qu'alors elle aura consommé
sa provision d'eau, et qu'il ne s'en trouve qu'à
deux journées de marche de la place, et même
qu'à vingt lieues dans les grandes sécheresses :
l'imprévoyance des nègres ne permet pas d'assurer
qu'ils y resteroient trois jours.

Par mer, elle est à l'abri des entreprises des
Anglais ; et la grande quantité de débouchés que
la rade offre aux bâtimens qui veulent sortir, neu-
traliseroit la croisière que l'on voudroit établir.
Les vaisseaux de guerre ne peuvent pas en approcher à moins d'une lieue ; elle peut en conséquence
recevoir facilement des vivres de la Terre-Ferme,

par les Espagnols, et du Continent, par les bâtimens américains et les corsaires français, qui sont
en très-grand nombre dans cette mer. On doit
donc présumer que cette place tiendra encore long-
temps. Indépendamment de cela, j'observe que
malgré les chaleurs excessives qui règnent dans
cette partie de l'Ile, le climat est sain, et que
Santo-Domingo est, de toutes les villes de la Colonie, celle dont la garnison n'a point été atteinte
de l'épidémie qui a détruit l'armée.

Contre le projet de destruction totale des Noirs, considérée comme indispensable.

Beaucoup de monde ignore que parmi les 300,000 nègres encore existans (dit-on) dans l'Ile, il y en a près des deux tiers qui n'ont jamais participé aux massacres, ni aux troubles, auxquels les événemens qui ont eu lieu pendant dix ans dans la Colonie, sont totalement étrangers (1) ; que ces nègres, continuellement occupés à la culture du sol auquel on les a attachés, n'ont fait que changer

---

(1) La guerre de couleur entre Toussaint et Rigaud, nous fait connoître que les chefs des nègres, eurent toujours beaucoup de peine à les faire sortir de l'espèce d'apathie dans laquelle ils se plaisent à vivre : les personnes qui étoient en dernier lieu à St.-Domingue, savent aussi quelles sont les difficultés que Dessalines éprouva, pour parvenir à réunir les bandes qui vinrent nous cerner dans les places ; beaucoup de nègres se révoltèrent aux Gonaïves et au Limbé, et ce n'est qu'en en faisant fusiller dans divers quartiers, qu'il parvint à faire marcher les autres, encore désertoient-ils. Les nègres ne sont pas tous d'un naturel guerrier, ils sont casanniers, et on ne peut les tenir long-temps sous les drapeaux à 40 et 50 lieues de chez eux.

de maîtres ; et qu'au lieu de blancs, ils en ont des noirs, qui ont fait succéder aux coups de fouet des premiers, les coups de bâton, de plat de sabre et la fusillade. Cependant plusieurs personnes ont mis le projet de destruction générale en avant, et sont persuadés que ce n'est qu'en l'adoptant, qu'on peut rétablir la Colonie. L'humanité est outragée d'une pensée semblable, et il est très-impolitique de l'émettre ; car on doit prendre garde de s'aliéner les noirs qui, quoique courbés sous le sceptre d'airain de Dessalines, sont toujours attachés à leurs anciens maîtres. L'intérêt des habitans s'y oppose aussi ; car étant tous ruinés, et ne pouvant seulement subvenir à leurs besoins, avec quoi acheteroient-ils des nègres ?

On ne m'accusera pas de partialité : je ne parle point en ami des noirs ; on ne revient pas *négrophile* de St. - Domingue, quand on y est resté deux années ; ç n'est point en habitant, car je n'ai aucune propriété dans l'Ile ; mais si je me permets de faire ces observations, c'est que je les crois justes. Je pense donc que ce plan n'est pas celui qui sera exécuté. L'anéantissement des combattans, qui sont au nombre d'environ 20,000, est indispensable : c'est la tâche de l'armée qu'on enverra ; il devra

être

être suivi de la déportation de tous les autres individus de couleur qui ne sont pas combattans,
et de plusieurs milliers de nègres de la classe des
anciens (1) libres, esclaves de ville et de grande
case (2), quoiqu'ils n'aient pas pris les armes aussi.
De tous temps les mulâtres et les hommes de
couleur eurent l'ambition d'être assimilés aux blancs :
dans les assemblées qui se tinrent au commence-
ment de la révolution, ils manifestèrent les pré-
tentions qu'ils avoient de jouir des mêmes droits.
Ces demandes récidivées à différentes époques,
n'ayant point été couronnées du succès qu'ils es-
péroient, ils firent ressentir aux blancs l'effet de
la haîne qu'ils leur vouoient, et qui comprimée
depuis long-temps, n'éclata qu'avec plus de force.
Toujours croissante, cette ambition n'est plus
d'être les égaux des blancs, mais d'être les maîtres
de l'Ile, dont ils se regardent comme propriétaires.
Je ne me permettrai pas de prononcer sur la justice
de leur cause et sur la validité de leurs réclamations;
car s'il falloit examiner les lois qui font la base
du système colonial, et contre lesquelles ils s'é-

---

(1) Qui étoient affranchis avant que la liberté générale
fût proclamée.

(2) Nègres domestiques sur les habitations.

lèvent, on en verroit quelques-unes qui blessent la justice et que réprouve l'humanité. Mais comme le but ici est de rétablir la tranquillité et la culture, que ces hommes ont été continuellement les moteurs des troubles qui ont eu lieu depuis dix ans, on ne peut pas les conserver dans la Colonie, si on veut qu'elle prospère.

Les anciens libres ne sont pas moins dangereux. A notre arrivée, nous pensions qu'étant propriétaires, ils devoient être attachés à l'ancien ordre de choses, et contribueroient à son rétablissement ; mais, au contraire, ils furent les premiers qui tournèrent leurs armes contre nous ; et si nous avons eu des hommes constamment fidèles aux drapeaux français, ils n'étoient point de la classe des affranchis. Fatigué de n'avoir eu jusqu'ici à mettre sous les yeux de mes lecteurs, qu'une suite de crimes commis par des individus de cette couleur, il m'est agréable maintenant d'avoir à substituer à ce tableau, qu'envisage toujours avec peine l'homme ami de ses semblables, celui des bonnes actions de quelques-uns d'entr'eux.

Parmi les noirs auxquels leur dévouement à la France a mérité la reconnoissance des blancs, on remarque les nommés Télémaque, la Plume et Louis Labelinaie.

Le premier, maire du Cap, ami zélé des Français, s'exposa à éprouver tous les effets de la barbarie de Christophe, en l'engageant, par ses représentations et ses prières, à accueillir l'escadre, et en cherchant par tous les moyens qui étoient en son pouvoir, à sauver la ville et ses habitans, l'une du feu, les autres du fer des soldats de Toussaint.

Le second, (ancien esclave) Général de brigade, n'exécuta point l'ordre que lui donna Toussaint, de marcher avec les troupes noires pour s'opposer au débarquement de celles européennes ; il reçut les bâtimens français dans la rade des Cayes ; et aussitôt la prise de possession de la Colonie par l'armée en l'an 10, il envoya sa démission au Général Leclerc, en lui faisant connoître qu'il étoit impolitique de confier des commandemens aux hommes qui en avoient eus sous Toussaint : c'est à lui que l'on a été redevable de la conservation de la partie du sud de St.-Domingue, où la culture et le commerce prospéroient, dans le temps même que tout le reste de la Colonie étoit en feu.

Le dernier (ancien esclave) fut successivement employé d'une manière très-utile, par les Capitaines - Généraux Leclerc et Rochambeau ; il resta constamment attaché à l'armée, jusqu'à la fin de l'expédition, où il fut fait prisonnier par les Anglais : il avoit résisté pendant un an aux offres avantageuses de Dessalines, et ensuite à ses menaces. C'est en partie à ses soins que l'on est redevable d'avoir tenu si long-temps au Cap, par les vivres de terre que nous a procurés un marché qu'il ouvrit entre la troupe des avant-postes et les Congos, qui se sont ensuite unis à nous, et nous ont aidés quelquefois à repousser l'ennemi.

De la désunion des Révoltés.

Il y a un parti de Congos , opposé à Dessalines , qui , depuis le départ de l'armée , s'est jeté dans la lisière des mornes qui sépare la partie française de celle ci-devant espagnole ; mais le caractère pacifique de ces noirs , la terreur que leur inspire Dessalines , et le manque d'hommes entreprenans à leur tête , ne permet pas de fonder aucun espoir sur eux : ils ne sont point amis des européens ; et s'ils se sont rangés de nouveau de leur côté , ce n'étoit point par amour pour eux , mais pour se soustraire au travail auquel les chefs de l'armée (dite indigène) vouloient les assujétir.

On ne doit pas compter sur une guerre entre les mulâtres et les nègres ; ces premiers , déjà détruits en grande partie par Toussaint , ont été réduits depuis par l'armée , au nombre de 4000 : trop foibles pour agir , ils resteront sous le joug des nègres ; les noirs trop forts pour les craindre , les laisseront tranquilles , s'ils ne manifestent pas trop d'ambition. On ne peut donc espérer que de

la mésintelligeuce qui pourroit régner entre les
chefs, et sur la haîne que se portent mutuellement
les nègres créoles, et les diverses castes de noirs
venus de la côte d'Afrique.

F I N.

TABLE
DES MATIÈRES.

Fin de la Table.